और नहीं अब

(कविताएँ)

और नहीं अब

फेडेरिको मायोर

रूपान्तरण

योगेश अटल

वाणी
प्रकाशन

प्रकाशन के उत्कृष्टतम 63 वर्ष

सजिल्द प्रथम संस्करण : 1996

vaniprakashan.com

वाणी प्रकाशन

4695, 21-ए, दरियागंज, नयी दिल्ली-110 002

फ़ोन : + 91 11 23273167, 23275710

शाखाएँ

अशोक राजपथ, पटना-800 004, बिहार

कॉफ़ी हाउस कैम्पस, महात्मा गांधी मार्ग, प्रयागराज-211 001, उत्तर प्रदेश

महात्मा गांधी अन्तरराष्ट्रीय हिन्दी विश्वविद्यालय, वर्धा-442 001, महाराष्ट्र

sales@vaniprakashan.in

vaniprakashan@gmail.com

Aur Nahin Ab

by Federico Mayor

Transliteration by Yogesh Atal

ISBN : 978-81-7055-502-5

Poetry Collection

मूल्य : ₹ 495

जी.एस. ऑफ़सेट, दिल्ली-110 095 में मुद्रित

वाणी प्रकाशन का लोगो मक़बूल फ़िदा हुसैन की कूची से

आमुख

यूनेस्को के महानिदेशक, प्रोफेसर फेडेरिको मायोर की लिखी कविताओं का यह संग्रह है। गत वर्ष, मूल रूप में स्पेनिश में प्रकाशित इस पुस्तक के अंग्रेजी अनुवाद की एक प्रति उन्होंने मुझे दी। मेरे लिए जो शब्द उन्होंने लिखे उन्होंने मेरे मन को छू लिया, और इन सुन्दर और सशक्त कविताओं को पढ़ने से एक विचित्र-सी अनुभूति हुई। मैंने तुरन्त ही तय किया कि मैं इनका हिन्दी में रूपान्तरण करूँगा, ताकि हिन्दी का विशाल पाठक वर्ग, भारत ही नहीं वरन् अन्य देशों में भी — जहाँ हिन्दी बोली और पढ़ी जाती है — इनसे परिचित हो सके। इस वर्ष जब कि यूनेस्को अपनी पचासवीं वर्षगांठ मना रहा है, इनका प्रकाशन शुभ संयोग है।

प्रशिक्षण से वैज्ञानिक, कर्म से राजनीतिज्ञ और प्रशासक, यूनेस्को के महानिदेशक, फेडेरिको मायोर मन से कवि हैं। गद्य भी लिखते हैं तो पद्यमय। दीन-हीन का दुःख उनका अपना हो कर कविता के रूप में मुखरित होता है। यूनेस्को के अधिपति होने के नाते वे जाते हैं देश-देश, और मिलते हैं लोगों से। देखते हैं दुर्दशा : युद्ध से पीड़ित और प्रताड़ित लोग; भूख और बीमारी से जूझते हुए लोग; तानाशाही से त्रस्त और स्वतंत्रता-संघर्ष में जुटे लोग। अनपढ़ पुरुष और स्त्रियाँ, सड़क पर फिरते भीख मांगते अनाथ बच्चे, टूटी खपरैलों के स्कूल, असहाय महिलाएँ — ये सभी मायोर को पीड़ा देते हैं। उनकी संवेदना को जगाते हैं। निरक्षरता मिटाने, सामाजिक अन्याय की स्थिति को बदलने, गरीबी और शोषण का उन्मूलन करने का उनका संकल्प बार-बार दृढ़ होता है। बार-बार वे मानवता को समर्पित हो जाते हैं।

इसी संकल्प और समर्पण ने जन्म दिया है इन कविताओं को। स्पेनिश भाषा में मूल रूप में लिखी गई ये कविताएँ मायोर की अथक यात्रा के दस्तावेज हैं। देश और भाषा के दायरों को तोड़ कर ये

सार्वजनिक और सार्वभौमिक हो गई हैं । प्रेरणा का स्रोत चाहे चीन रहा हो या स्पेन, अल्जियर्स हो या काठमांडू, बाढ़ हो या महासागर, किसी प्रिय की मृत्यु का शोक हो या मित्र की विदाई का दर्द, कविता का उत्स तो मायोर के अन्तरतम से ही फूटा है । विश्व में फैली भुखमरी, बेकारी, गरीबी, निरक्षरता, भौगोलिक और सामाजिक दूरियाँ मायोर को चिन्ता देती हैं । पर वे उनकी आशा और अपेक्षा का हनन नहीं कर पातीं । उन्हें सुन्दर भविष्य के अवश्य में आस्था है ।

मायोर यूनेस्को के संविधान के आमुख का उद्धरण बार-बार अपने भाषणों में देते हैं : युद्ध उपजते हैं लोगों में मन में, और लोगों के मन में ही खड़े करते हैं शान्ति के दुर्ग । इसी उद्देश्य की पूर्ति के लिए यूनेस्को की स्थापना हुई, आज से पचास वर्ष पूर्व । द्वितीय विश्व युद्ध की विभषिका से आक्रान्त और हत्प्रभ देशों ने बीड़ा उठाया कि वे मिल कर विनष्ट समाजों का, उनकी सांस्कृतिक धरोहर का, पुनर्निर्माण करेंगे और उपनिवेशवाद से मुक्त होने वाले देशों में विकास का एक नया सिलसिला प्रारंभ करेंगे । सभी थे युद्ध के विरुद्ध; सभी थे विकास और पुनर्निर्माण के लिए प्रतिबद्ध । पिछले पाँच दशकों में विश्व के देशों ने इस निश्चय को फलीभूत करने के ढेरों यत्न किये । स्थितियाँ बदलीं । संस्कृतियों में संपर्क स्थापित हुए । ज्ञान और विज्ञान का विस्तार हुआ । और अब तो बरसों से चलने वाला शीतयुद्ध भी समाप्त हो गया । लेकिन फिर भी शान्ति की संस्कृति अभी जन्मी नहीं है । मायोर चाहते हैं कि युद्ध की संस्कृति का विलोप हो और स्थापना हो शान्ति की संस्कृति की । इन कविताओं में यही संदेश है : और नहीं अब ।

मैं जानता हूँ कि कविता का अनुवाद कोई सहज कार्य नहीं है । हर भाषा की अपनी गंध होती है, अपनी गति होती है, और होती है अपनी रागात्मकता । इन सबको दूसरी भाषा में ढालना दुस्साहस ही है । किन्तु फिर भी, एक कवि होने के नाते मुझे लगा कि मैं मूल कवि की अनुभूति और संवेदना से दूर नहीं हूँ, और शायद इन कविताओं की गंध, गति और रागात्मकता को ज्यों का त्यों हिन्दी के माध्यम से आप तक पहुँचा सकूँ ।

योगेश अटल

और नहीं अब

वे जब मुझे पूछेंगे
क्या है मेरी पृष्ठभूमि
मैं कहूँगा कि आया हूँ
समस्त संसृति से
इस कभी न रुकनेवाले बहाव से
इन गुँथे हुए
धागों के ताने-बाने से
महान्, ऊर्वज
और क्षण-भंगुर

बहूँ मैं अन्धकार की ओर
या थामूँ अखण्डता की डोर ?
यही है मेरी मुक्ति
यही है मेरी सान्त्वना

(म्युनिख, श्लोस राइनबर्ग, 8 अक्तूबर, '85)

(एडुआर्ड मौनिक के लिए)

क्यों कल को लौटना
सुबह जल्दी जगना
और दुहराना सारी प्रक्रियाएँ
और देखना फिर से
मन्द दृष्टि धनिकों को
और दूर दृष्टि दरिद्रों को ?

जल्दी क्या है ?
कहाँ जाने की ?
क्या पाने की ?
समय पर पहुँचने की ?
समय की पाबन्दियों ने
थाम दी है
जीवन की लय को ।

किताबें अनखुली पड़ी हैं
और उन्हीं में
छुपा पड़ा है वह शब्द
जिसकी हमें तलाश है

(10 दिसम्बर, '90)

बिना तुम्हें पाये ही
हर रात
तुमसे मिलने की
बहुत बड़ी सम्भावना
दी है तुमने
मुक्त रहने की
विचरण की
और
निश्चितियों पर सन्देह की
ताकि अन्ततः, एक दिन
हम जान सके ।
आज, तो तुम्हारी पदचाप केवल

(दिसम्बर, '90)

रोशनी
मेरी दुखती आँखों को
छूती है ।
रात
हमारे उन भाइयों के
अँधेरे जीवन से
अचानक ही
हट जाती है
उन्हें उनके भाग्य पर छोड़कर ।

न बिस्तर
न छत
केवल चिथड़े
उनके दुबले तन से
लिपटे हुए...

और इधर यह किला
बीते हुए युगों
की भव्यता का प्रतीक

(आज तो हम बनाते हैं
राकेट, योद्धा विमान...)

यथार्थ स्पष्ट है :
भाग्य पर भरोसा किये
इन लोगों का
न तो जीवन
न मरण
रखता है कोई मानी
हमारे लिये ।

(गोंडार, इथियोपिया, 5 जनवरी, '89)

(मैरी-एनिक मार्टिन सैरी के लिए)

थमी हुई नदी
उदास और व्यथित
मेरे दिल की हर धड़कन
होती है प्रतिध्वनित

मैं तुम्हें यहाँ छोड़ नहीं सकता
सदा के लिये
इस धुन्ध में
इस भूमि पर
इस अभागे पेड़ के नीचे ।

हम साथ-साथ चले थे
और साथ-साथ ही हम
चलेंगे धारा के प्रतिकूल

मेरे मार्ग में
रहोगी तुम
एक चमकती सी
आँसू की बूँद ।

(8 जनवरी, '88)

मैं इतना अभागा
हे समुद्र !
मैं इतना दरिद्र
और तुम्हारे पास
गहराई
रंगों
और क्षितिजों की
ढेर सारी पूँजी

शक्तिमान
सागर विशाल

किन्तु फिर भी
तुम मेरी शक्ति का
सामना कर नहीं सकते :
मैं तुम्हें देखता हूँ
तुम्हें जानता हूँ
तुम्हें चाहता हूँ

(सेलेब्रेन्या, '86)

(सुजाता और आनन्द गुरुगे के लिए)

सैंकड़ों शिक्षकों की
एक सेना
देखने का मेरा सपना है...
हमारे युद्ध
भिन्न भाँति के युद्ध हैं :

उनकी सहायता के लिये
जो टूटे हैं
नशीली दवाओं से
या शराब से,
विकलांग,
बालक और बालिकाएँ,
अकेले और असहाय,
जो हुए हैं घायल
गोलियों से
या रोजमर्रा की परिचर्याओं से,
या जो जरा-जीर्ण हैं
और भुला दिये गये हैं

मैं देखना चाहूँगा
इन अन्य सैनिकों को
सशक्त, अजेय
जिनके होंगे
भिन्न आयुध
भिन्न ध्येय

(पेरिस, 14 जुलाई, '80)

अपने जीवन के हर क्षण
का आनन्द लो
यह सोच कर कि
तुम उसे बस खोनेवाले हो
जैसे कि तुम
उन लोगों के
साहस के महान् सबक के सामने
थरथरा गये हो
जो अपने जीवन की
अन्तिम बूँदों का भी
लेते हैं आस्वाद
या फिर
करते हैं सामना
दुर्भाग्य का
पीड़ा का
अज्ञान का

यहीं पर है
कि हम पा सकते हैं

जीवन का सार
आनन्द और आशा अपार
उन सभागारों में नहीं
जहाँ धनवान
गरीबों की समस्याओं पर,
या पुरुष
महिलाओं की स्थिति पर,
या फिर
वयस्क
युवकों के व्यवहार पर
करते हैं बातचीत

हर क्षण का आनन्द लो
हर क्षण
दीर्घ और गहन
जैसे-जैसे बढ़ो तुम
सूर्यास्त की तरफ

चुप्पी और खालीपन
के पास आते क्षितिजों के क्षण में
कितना अद्भुत है
जीना
और देखना
और हँसना
और चिल्लाकर बोलना ।

पहले की तरह
सब कुछ होता रहेगा
और वहाँ,
वह क्या है ?
कहाँ ?

(जुलाई, '82)

(युद्ध की विभीषिका के बीच रहते हर बालक के प्रति)

तुम्हारी बाल-आँखों ने
देख रखी है
विभीषिका
युद्ध की
हिंसा की
भूख की

तुम्हारी आँखों ने
देख रखे हैं
घाव
और रक्त
घृणा
और कष्ट

तुम्हारी बाल-आँखों ने
देखी है केवल
भावशून्यता
क्रोध की कौंध

हे बेरूत के बालक !
तू जी
ताकि तू
देख सके एक दिन
मानव की त्वचा के नीचे
छिपी हुई
ज्योति वह महान् ।

(25 फरवरी, '84)

हममें से हरेक की
अनन्त गहराइयों के भीतर
सब वस्तुओं का प्रारम्भ है
है एक निर्धारित सा स्थान ।
इस अपरिमेय
और अंतरंग स्थान में
जहाँ से दृष्टव्य
गढ़ता है और
उठता है ऊपर
और जहाँ विचार
लेते हैं जन्म और जीते हैं

यह स्थान है जहाँ
परम उदात्त और चिरस्थायी,
क्षण-भंगुर, अशुभ और निन्दनीय
सभी तरह के विचार
बनते हैं, पनपते हैं

सब कुछ आभ्यन्तर से आता है

परिवेश की बिना परवाह
उस प्रसंग की कर उपेक्षा
जो चिल्लाहट,
आवाज़ें,
उल्लास,
मोद,
और जिज्ञासा
का होता है आधार ।
स्वयं मनुष्य ही होता है
उत्तरदायी
अपने सब कर्मों का ।

(बर्लिन, 30 अक्तूबर, '84)

(माटिल्डे और जुआन ए. कारियो के लिए)

इस टिबर नदी की भाँति
हर चीज जैसे धुन्ध में ढकी है
जो देख नहीं पाती
पृथ्वी के उजड़ते पेड़ को
अनुप्राणित करनेवाला
ताजा उबलता जीवन-रस ।

नदी को चाहिए कि वह फैले
और अपने जल से
खेतों और शहरों की झुलसती धरती को
करे प्लावित और हराभरा;
होठों
और सुन्न पड़े तन को
दे कुछ सुकून ।

सभी मुंतजिर हैं
क्रान्तिकारी परिवर्तन की चाह में हैं सभी
कड़ी धूप
ऊसर अकर्मण्यता

ठहरा हुआ पानी —
इस आशा में कि
उद्धत समीर के बहाव में
हम सबको मिलेगी कुछ राहत
और मिलेगा मौका
कल्पना के लिए
नये मार्ग खोजने के लिए
अपने भीतर छिपी
प्रेरणा को दिखाने के लिए ।
मुंतजिर है उस पल की
जब हर व्यक्ति
में आयेगी जागृति
और छूने लगेंगी भावनाएँ
सारी संसृति को;
जब अर्थ का सन्देश
पहुँचेगा दूर-दूर तक
दूरस्थ श्रवण तक...
इस गुप्त स्थान से
जहाँ से मैं देता हूँ नारा
युद्ध नहीं, शान्ति
मैं चाहता हूँ एक दिन देखना
कि यह शक्ति दर्शनीय है
कि उर्वरा टिबर उभर आयी है ।

(रोम–वेटिकन, 21 जनवरी, '85)

अपने फिजूल के
दिखावे के विलाप से
तोड़ो नहीं इस मौन को
इस अनन्त सागर के स्वर को
इन तारकों के कोलाहल को ।
दीन-हीन समझते हैं
उनकी अर्थभरी भाषा ।

हवा से
और रात्रि से
इस निरन्तर आनेवाले
नये सन्देश को
सुनो ।

(सेलोब्रेन्या, 22 अगस्त, '85)

इस रात से
और इस सागर से
इतनी सारी रोशनी
छलक रही है
अनन्त-अपार ।

मुझे तुम्हारे
अधबुझे दीये की
जरूरत नहीं है ।

(सेलोब्रेन्या, 23 अगस्त, '85)

(मारिया देल कार्मेन के लिए)

भरी जवानी में
जब छू रही थीं तुम
आसमान की ऊँचाइयों को
भाग्य ने तुम्हें धर दबोचा है ।

यह अविश्वसनीय अन्याय है
भयानक और अकाल !
आज भी
एक अनजान युवक के सीने में
तुम्हारा बीस सालवाला
दिल धड़कता है,
और यूँ
दो अनजान लोगों के बीच से
खिसक जाता है
जीवन का उन्माद
तुम्हारी
आकस्मिक
अकाल
और कम उम्र की मौत के कारण ।

कठिन है सोचना
कि तुम्हारी प्यारी-सी देह
मिट्टी में मिल जायेगी
इस कब्र से
जहाँ तुम...अधूरी सी...
लेटी हो
हम तुम्हें सदैव ले जाएँगे
अपनी यादों और सपनों के
सीमाहीन अन्तरिक्ष में
जहाँ फिर से तुम जी सकोगी ।

(मैड्रिड, 11 मई, '85)

वह प्यार उदास है
जो पास है
स्पर्श के काबिल
फिर भी दूर है
अलग-थलग...

जानता नहीं
फिर से जन्म लेना हर सुबह
करता नहीं चेष्टा
अपनी लौ
को सजग रखने के लिए
ढूँढ़ने की, नये रास्ते और क्षितिज,
अपने बुझते हुए अंगारों को
फिर से जलाने की ।

(25 दिसम्बर, '85)

(कलकत्ता की मदर टेरेसा के लिए)

मार्ग में साथ-साथ
चल रहा है
प्रेम
टेढ़े या सीधे रास्तों में मिलनेवाले
यात्रियों को
साथ लेते हुए ।
अर्थात्
एक हाथ
जो उठाता है और
पुचकारता है
आलिंगन में बाँध लेता है
मार्गदर्शक
पुरुष
महिला
मानवता...

(डरहेम, यू.एस.ए., 26 जनवरी, '86)

(होसे विडाल बेनेटो के लिए)

बड़े सेवरे ही
हो जाता है अतीत
अर्थहीन ।
दिवस की नयी रोशनी में
सारा कुछ जन्मता है
सारा कुछ उगता है
होता है फिर से नवीन ।

धुँधलका हुआ तो क्या ?
हमें तो चलना है ।
केवल सुबह बोलती है
और सोचती है
सारी दुनिया
कि वह प्रबुद्ध है ।
अगर रात फिर घिरी
तो प्यार केवल
परछाइयों को जीत पायेगा
और रोशनी का मार्ग
ढूँढ़ा जायेगा नये सिरे से ।

अनखोजे रास्तों के
सर्जको !
अनन्त भविष्य
करता है प्रतीक्षा ।

सूर्योदय पर
अतीत होता तो है
पर होता है अर्थहीन ।

(28 मार्च, '86)

(माइखेल गोर्बाचेव के लिए)

ऐसी दरार को भरना
इस खाई को पाटना,
इस मरुभूमि को बनाना उर्वर
जब हमारी
कटु अनुभूतियाँ
रोकती हैं
हमारी प्रगति,
यादें
प्रभूत पर एकाकी,
हमें तो बस
आगे बढ़ना है
यह सोच कर कि
केवल भविष्य ही
मरा नहीं है ।

(मेड्रिड, 28 अप्रैल, '86)

मैं चुप हूँ,
अवशेष एक,
बुझते हुए दीये की लौ
जो देती है सूचना
कि आ गया उसका अवसान ।
हर चीज का
अन्त सुनिश्चित है
फिर भी
कोई चीज व्यर्थ नहीं है
नहीं है निस्सार
जिसका कोई अर्थ नहीं है ।

मेरा यह
उत्तेजित मानस,
सजग जीवन यह मेरा
हो न कभी श्लथ
चाहे मैं हो जाऊँ आहत
अपनी खुद न कर सकूँ हिफाजत
सीमित हो मेरा ज्ञान ।

जूझता रहूँगा बराबर
उस दिन तक
जब तक चलती है साँसें
जब तक लोग मुझे भूल नहीं जाते ।
चाहे अदृष्ट हों
हर कोई छोड़ जाता है
चिह्न अपने ।

हर चमक रहती है अगोचर
दीपक बुझ जाता है
फिर भी रहते हैं
अमर
तुम्हारे कर्मों के
तुम्हारे शब्दों के
तुम्हारे शोर के
तुम्हारी चुप्पी के
अगोचर निशान ।
हम सभी रचते हैं यह सृष्टि
हम सभी ।
हम सभी
देते हैं
किसी के रुदन को सान्त्वना
करते हैं मरहम
किसी घाव का ।

(सेलोब्रेन्या, 4 अगस्त, '86)

मायावी और भव्य
जैसे फुहार
जैसे लहर

शान्त या क्रुद्ध ।
क्यों करते हो मुझे परेशान,
क्यों करते हो मुझे पीड़ित
शक्तिमान, उल्लसित सागर
दिखा कर
मुझे तुम्हारे...मेरे !...
इन क्षणों की चपलता ?
सभी कुछ संयोग से होता है
सभी कुछ जाता है मर ।

दिमाग सोचता क्यूँ है,
क्यूँ रखता है गहरी सूझ
इस अनन्त की ?
ये तुम्हारी
क्षण-भंगुर लहरें

कैसे मुझे खींचती हैं अपनी ओर
पहुँचाती हैं पीड़ा,
तुम्हारी सोयी-सोयी सी फुहार
तुम्हारी यह क्रीड़ा ।

(सेलोब्रेन्या, 17 अगस्त, '86)

(मेरे पोते-पोतियों के लिए)

मेरे समुद्र
हमारे समुद्र
कौन लेता है तुम्हें धुन्ध में लपेट ?

करता है कौन
तुम्हारे पानी को मटमैला
लाता है परेशानी
तुम्हारी मछलियों,
तुम्हारी पौध के लिये ?

तुम्हारे तट पर खेलते
इस बालक
का बुरा किसने किया ?

यह हवा, यह पानी, और यह धरा
इसके हैं
और उनके हैं
जो अभी जन्में ही नहीं हैं...

कौन इसके
रजत क्षितिजों को
बरबाद करने की
रखता है हिमाकत ?

(सेलोब्रेन्या, ग्रीष्मकाल, '86)

इस पाल की गति धीमी करो
मेरे इस पाल की
जो तेज हवा की लपट
सह नहीं सकता ।

आ गया है वह दिन ।

आ गया है वह दिन
जब इस नौका को
नयी प्रेरणा की
नये छोर की जरूरत है ।

आ गया है वह दिन ।

(सेलोब्रेन्या, ग्रीष्म, '86)

यह समुद्र तो
यहाँ फिर भी रहेगा
लहरों में इठलाता
जब तुम और मैं
नहीं रहेंगे ।

कैसी यह उदासी ?
कैसी यह ख़ुशी ?
यह सोच कर
कि यह समुद्र
यहाँ फिर भी रहेगा
अनन्तकाल तक
लहरों में इठलाता
जब तुम और मैं
नहीं रहेंगे ।

(सेलोब्रेन्या, 6 अगस्त, '86)

(जीसस मोनेयो के लिए)

सीमान्तों के नाप के बिना
हर चीज दूर चली जाती है
पार कर अपनी सीमा ।
बिना माप और दंड के
हम अपने भय
अपनी असहाय अवस्था को
कहीं छिपा नहीं पाते ।

हम आश्चर्यचकित
जानते ही नहीं अपनी सीमा
और चल पड़े हैं
न जाने किस ओर ।

(ला ग्रांडा, अस्चुरियास, 30 अगस्त, '86)

(क्साना, इला और मेरियाना के लिए)

जब शरत् ऋतु ने
इसीक कुल की गहरी नील झील के
आसपास के
फूलों और पत्तियों पर
हर सम्भव रंगों की रंगत दर्शायी,
तभी
पास के
बर्फ ढके पहाड़ों की
सफेद चमक की प्रतिच्छाया,
जैसे आशा की एक किरण
यकायक ही
हमारे थके,
शंकाशील चेहरों पर उभर आयी ।

नयी रोशनी की चमक ने
हमें दिया है जवानी का जोश
और हमारी आँखों को
दीख पड़ा है
एक अनजाना सा मार्ग ।

इसीक कुल झील के किनारे
अप्रत्याशित ही खुली हमारी बाँहें
और हमारी आँखों ने स्वीकारी
दृढ़ निश्चय से
प्यार की मोहिनी चुनौती ।

वहाँ, उस दूर देश में
भाँति-भाँति के रंगों के परिवेश में
दृढ़ विश्वास के इन सरल से शब्दों को
मैंने महसूस किया और लिखा साहस से :
साथ-साथ देखने
आपस में बातें करने
हाथ में हाथ लेकर चलने में ही
छिपा है समाधान ।

(किरगिज़, फ्रुंज, 14 अक्तूबर, '86)

मैं यहाँ हूँ
इस अधूरी रोशनी में
उलझन की
इस कठोर और कोमल स्थिति में,
पर मेरी कामना है
कि तोड़कर इन बन्धनों को
स्वच्छन्द उड़ चलूँ
इसके पहले
कि यह असीम रजनी
मुझे रोक डाले
बाँध ले।

(मेड्रिड, 27 नवम्बर, '86)

(जस्टो जोर्ज पेड्रोन के लिए)

मेरे घायल शरीर के
ये सारे घाव मुझे भरने हैं —
ये सारी चोटें
जो इस संघर्ष में
मेरी चमड़ी को चीर गयी हैं गहरी ।

मुझे जल्दी है
रोकूँ यह रक्तपात
जो फैलकर
कहीं मुझे डुबो न ले
कि फिर मैं
कभी उड़ न सकूँ ।

(मेड्रिड—मास्को, 13 फरवरी, '87)

बिना जहाज के भी
चाहती है बनना नौतल

देह मेरी जानती नहीं
कि दिवस का हो रहा मरण

इसे जगने मत दो
छाने मत दो मुझ पर

उड़ने दो इसे
लेने दो स्वप्न पंखों का
बिन चिड़िया के ।

(सेलोब्रेन्या, अगस्त, '87)

(आंद्रिया के लिए)

मेरे जाने से जो
होगी रिक्तता
विराट् शून्यता
निरर्थकता सागर के छोर की
मुझे उसका दुःख है ।

पर मैं जा रहा हूँ
और यह सागर भी
जा रहा है
मेरे साथ

(सेलोब्रेन्या, 9 अगस्त, '87)

जब ताई के पेड़ों को
रंगता हुआ उगता है सूरज
और जूज में
चिड़िया भरती है
अपनी प्रथम उड़ान
अफ्रीका का
डर होता है उद्घाटित
उभरकर आती
उसकी अपार विविधता ।

उत्तर के अपने
दम्भ दफ्तरों में बैठे वे लोग
जानते नहीं
कि बाओबाब की सूखी शाखें
— इस वसुन्धरा की तरह —
जीवन से भरी-पूरी हैं,
गायक भूले-बिसरे गीतों को
गाते-गुनगुनाते हैं,
और इस मरुथल की माटी से

बनेगा भविष्य
अवश्य ।

(यामुसुक्रो, 29 जनवरी, '88)

हम और वे

उत्तर में वे
मरते हैं टूट से
बोरियत से
समाज की कठोरता से
विरक्ति से ।
केवल देखते ही देखते
वे जाते हैं बीत ।
न तो उनमें आशा रही बाकी
न करुणा ।
कोई उनका कर नहीं रहा पीछा
और फिर भी
वे घबराये हुए हैं; भयभीत ।

वे मरते हैं अकेले
बनते हैं दया के पात्र !
शनैः शनैः
सन्ध्या की ठंडी हवा

रोजमर्रा की जिन्दगी की
अलगाव की
ओढ़ लेती है यन्त्रणा...
जब इतनी सारी आवाज़ें
जीवन के लिए तरसती हैं
मैं सब कुछ समझ सकता हूँ
पर रह नहीं सकता निरावेग, शीत।

(डाकार, सेनेगाल, जनवरी, '88)

(जाँ मियेरिय़ू के लिए)

इस न लौटनेवाली यात्रा में
हर भावना को
हर विचार को,
अपने जीवन के क्षणों को
बुनो और उधेड़ो ।

अपने साहस को
इतना शीघ्र न तजो,
हर चीज
हर सुबह
फिर शुरू होती है ।

निराश मत हो,
अन्त में
सूर्य तो हमेशा ही
चमकता है ।

(पेरिस, 16 फरवरी, '88)

क्या यह अनन्त वीरानापन
पहचान है स्वर्ग की ?

निस्सन्देह
यह दूसरा समुद्र
करता है अनन्त का आह्वान ।

बालू के ये टीले
जिन पर हवा से खींची ये लहरें
पानी की तरह स्तब्ध
जैसे समुद्र कहीं ठहर गया हो ।

रेगिस्तान में ही
पता चलता है
छाँह की महत्ता का,
जो
प्रेम की भाँति
भय की भाँति

रहती है
सदैव मेरे साथ ।

(चिनगुइट्टि, मोरितानिया, फरवरी, '88)

यहाँ है परम प्रमाण:
जहाँ मैं खड़ा हूँ
वहीं से सागर शुरू होता है
होता है अन्त रेगिस्तान का
यहाँ विस्तार के इस कगार पर ।

रात के घिरने से पहले
मुझे चल देना है
शहर में शरण के लिए
तारों का भार
पड़े नहीं मेरी भ्रान्त भौंह पर ।

रेत और सागर
देते हैं सबसे सुन्दर संगीत
रेत और सागर
दर्पण हैं शाश्वत ।

(नुआकचोट, मोरितानिया, 24 फरवरी, '88)

नहीं है मेरी गुजर
नहीं है तुम्हारी ठहर
अगली बार तक
बस ऐसा ही है ।

शोक न करो :
आँसू तो सूख जायेंगे
किन्तु प्रतिध्वनि और लहर
जाती है बहुत भीतर ।

(पेरिस, फरवरी, '88)

हजार साल पुराना, फिर भी नया
अल्जियर्स
जगता है ।
डालियों पर बैठी है चिड़िया
और सिर पर है
जैतून के पेड़ों के मुकुट ।

शान्ति और सन्धि
के उपक्रम से
बनते हैं सागर और रेती के ढेर,
और रंगबिरंगी खपरैलें
बिखरी पड़ी हैं इधर-उधर ।

स्वतन्त्र, बन्धनमुक्त
सुन्दर अल्जियर्स
रोशनी में
दीखता है कान्तिमय
क्योंकि उसे मालूम है

कि रात
कितनी काली
और लम्बी है ।

(अल्जियर्स, 11 मार्च, '88)

घने नीले आसमान की गहराइयों
और सफेद बादलों
को चीरते हुए
हरे घासवाले मैदानों
और यहाँ-वहाँ उगे पेड़ों और झाड़ियों
के ऊपर से हम भरते हैं उड़ान ।

अफ्रीका में सभी ख़ूबियाँ हैं
जंगल, मरूथल, हिम
झील, समुद्र
सरिताएँ
और अनवरत अहसास
अभाव का, खालीपन का...
इतनी सारी जानें और धन-धान्य
वे सब गये कहाँ ?

लहलहाती ज़ाम्बेजी नदी
फिर भी बहती है विभोर

दृढ़ निश्चय के साथ
नियति की ओर ।

(लिविंगस्टन, जाम्बिया, 20 मार्च, '88)

(ग्रासा माकेल के लिए)

कैसे सम्भव है जीवन का चलना
भूख की ज्वाला से
जब बालक हो सन्तप्त
जंगल में
छोड़ कर मौत को
जब सब कुछ हो मौन ?

तृप्त लोगों के अखबार
करते हैं घोषणा
विश्व में 'नहीं कोई समाचार'
'काम की नहीं कोई बात'

(ऐसी स्थिति में
विचलित न होना
हत्या में हिस्सा लेना है)

बेड़ियाँ तो काट दी गयी हैं
काली औरत पहनकर काला लिबास
आँखों में चौंध लिये

अपने पूरे होठों से
दोहराती है अपना प्रण
करती रहेगी रण
लाने
तुम्हारे लोगों के लिये
रोशनी से भरी पूरी
नयी सुबह ।

काली तुम्हारी चमकती हुई त्वचा
काला तुम्हारा उत्तरीय
तुम्हारे शोक का
ऐसा रंग दर्शनीय
नहीं देखा मैंने पहले कभी ।

(मापुटो, मोजाम्बिक, 26 मार्च, '88)

(नेल्सन मंडेला की 70वीं वर्षगाँठ पर) पिछले 26 वर्षों से जेल में बन्द — उनका अपराध यही : रंग से काले

वहाँ तुम रहे कैद
अपने खुले हाथों से
देने हमें मुक्ति ।

आज हम चाहते हैं तुमसे कहना
कि हमारी आजादी की पाँखों
के प्रत्येक पंख पर
तुम्हारी जेल की सलाखों के
निशान हैं;
कि हम उस मार्ग
पर चल निकले हैं
जिसे तुम्हारी कैद ने किया है प्रेरित;
कि तुम अपनी जेल की कोठरी से
उदासीनता में डूबे हुए
दिलों को करते हो मुक्त,
और तुम अपने जीवन्त उदाहरण की शक्ति से
उन सब समझौतों को,
प्रस्तावों को
सहमतियों को तोड़ पाते हो

जो मानव की मर्यादा
का करते हैं निरादर
वह मर्यादा
जिसे बरकरार रखने के लिए
तुम बन्दी हो कर भी
जुटे हुए हो ।

(मई, '88)

यहाँ हम बैठे-बैठे
स्टाम्प पर स्टाम्प लगाते जाते हैं
वीजा, और वीजा
की मंजूरियाँ ।

और उधर दुनिया
कहीं से कहीं गुजर जाती है
हमारे हाथों से छूट कर ।

बच्चे
आदमी और औरतें
मरते जाते हैं
बिना यह जाने कि क्यों
या फिर किसके लिये ।

सरकारी कर्मचारी
लगे हुए हैं बस
फार्मों को भरने में
और जिन्दगी उधर

कहीं से कहीं गुज़र जाती है ।
जब युवक लोग
भूख से या बोरियत से
जम्हाई लेते हैं —
दफ्तरों के अफसर
आत्मा के होनेवाले
आन्दोलन को
कागज के दस्तों से
दूर रखने की
करते रहते हैं कोशिश ।

(लुसाका, जाम्बिया, 29 मार्च, '88)

हालाँकि हो गया हूँ इतना आहत
फिर भी लगता जैसे कुछ हुआ नहीं
आई नहीं चोट

ऐसा मैं सह नहीं सकता
चुप नहीं रह सकते होंठ

कैसे भूलूँ
मेरे उन साथियों को
जो अकेले हैं, अलग हैं
अबोध हैं,
भूखे हैं
यहाँ जब हम करते हैं पूजा
पैसे की,
पैसेवाले की
फौज के जनरल की
        मिलिटरी सलाम
        मिलिटरी सलाम
        मिलिटरी सलाम

सब वर्दी में हैं
    समय की करते प्रतीक्षा ।

अपनी ऊँची खिड़कियों से
वे ध्यान से देख रहे हैं
हमारी धीमी चाल,
जबकि गली-कूचों को
इन्तजार है बुद्धिजीवियों की पलटन का
और शान्ति के कबूतर को
मिलता नहीं है घोंसला ।

(मेड्रिड और ओवियडो, 21 अप्रैल, '88)

और नील नदी
पहुँचती है समुद्र के समीप ।

धीमी, पवित्र
पहुँचती है अपनी
यात्रा की इति पर
मरुस्थल की उर्वर सीमा पर ।

उसके जल में
दीखती हैं वे महानतम छबियाँ
जिनका मानव के मन ने
संधान किया है;
प्यासे होठ
किनारे बैठ जिसके
बुझा रहे हैं प्यास अपनी ।

शायद थकी हारी
पर नील नदी
अपनी लम्बी दौड़ के

इस अन्तिम चरण में
किसी के प्रति
लगती नहीं कटु ।

(काहिरा, 27 जून, '88)

धरती से उभरता हुआ
पाषाण से उठा
—वैभव और शक्ति का प्रतीक—
बहुरंगी सौन्दर्य
आँधी-पानी
के बुरे कड़े मौसम से
ध्वस्त ।
यहाँ, इन ऊँचाइयों में
कठिनाइयों ने
इतिहास में तराशे
भविष्य में समाए
इन लोगों की
सृजन शक्ति को
होने नहीं दिया क्षीण ।
विलाप की आधारशिला पर
निर्मित है स्फूर्त्ति
और सिलखड़ी
और बहुरंगी क्रिस्टल
का यह अद्‌भुत सामंजस्य,

साना, अन्तरतम नगर
बन्द-कपाट फिर भी खुला
भूषण
अब मेरा है
सदा के लिये ।

(साना, यमन, 30 जून, '88)

प्रेम में जीना
अलग ही जीना है ।

दूसरों के मरमरी हाथों में
उनकी उन बाँहों में
जो लालायित है
मेरे ढलते बसन्त के अधरों के लिये
वह आकर्षण कहाँ
जो तुम्हारी, हमारी
चेहरे की हर झुर्री में है ।

तुम्हारी झुर्रियाँ
कहती हैं कहानी हमारी
हर बीता पल
अंकित है उनमें,
हर सुख
हर दुःख
मेरी पत्नी
मेरी संगिनी ।

(टोक्यो, 19 सितम्बर, '88)

(चिंगिन ऐतमातोव के लिए)

हर सुबह
हर शाम
हर रात
मैं उठाऊँगा अपनी आवाज़ ।

निःस्तब्ध
मेरी चीख़
पहुँचती रहेगी
श्रीमंतों के कानों में
जब तक कि
सारी दुनिया
भर न जाये प्यार से ।

जब तक मैं जीवित हूँ
जब तक मुझमें ताकत है कहने की
हर नये दिन की
हवाओं को मैं कहूँगा चिल्लाकर
कि जब तक

बेड़ियाँ सभी न कट जायें
होगी नहीं सन्धि, शान्ति ।

(पेरिस, 21 सितम्बर, '88)

जैसे ही मैं तुम्हारी ओर से गुजरा
तुमने मुझे देखा ।
झंडों और साइरन की आवाज़ से
मेरी पदवी हुई घोषित ।
तुम उदासीन से,
रहे खड़े
सड़क के किनारे ।
तुम और मैं
दोनों ही
राह चलते मुसाफिर हैं,
दोनों ही अकेले
अपने अपने रहस्य को ओढ़े हुए ।

काश ! मैं तुम तक पहुँच पाता
और कह पाता
कि कर रहा हूँ मैं संघर्ष
प्रतिदिन
ताकि ऊब

तुम्हारी जाये टूट ।
तुम बन्धन से जाओ छूट ।

(बेजिंग, 26 सितम्बर, '88)

मेरे भीतर जो सपना है
संजोये रखूँगा उसे
जब तक साँस है ।

यह सपना ही
जीवन है मेरा
प्रेम का यह सपना ही
हम सब की
बस एक आस है ।

(पेरिस, अक्तूबर, '88)

मशीनों की तरक्की
के इस फीके क्षितिज पर
लोग कितने ठंडे दिल हैं ।

जरूरत है —
कि हम करते रहें कोशिश
इसे किसी और रंग से रंगने की
जिसमें प्यार की
घनी गर्मी हो ।

(पेरिस, अक्तूबर, '88)

(मारियो सोरेस के लिए)

तुम्हारे बहते नीर की
ऐसी चुप्पी
ऐसा शोर,
ऐसी अपठनीय
संचित स्मृतियाँ ।

फिर भी यह बोध
पीड़ित करनेवाला यह विचार
कि अचानक ही तुम
तुम्हारे भीतर की
सारी कविता का कर दोगी पाठ ।

आइबेरिया की अपनी
यात्रा की समाप्ति पर बँटी-बँटी सी
अपनी फैलाई उर्वरता से जुड़ी
दुएरो नदी
तुम्हें सागर सिमेटता है
पानी की पट्टी
अविनाशी, चिरन्तन

लेती हो पुनः जन्म
सागर में
जहाँ की तुम सदा से हो ।

(ओपोर्तो, 11 नवम्बर, '88)

उन्होंने मेरे हाथ फूलों से
और गला माला से भर दिया ।
अरे, नहीं
मुझे झुक कर करो मत प्रणाम ।
तुम्हारे स्वागत से
होता है मुझे संकोच
और मिलता है संकेत
कि ऐसा कुछ नहीं है
जिसके लिए तुम मुझे दो धन्यवाद ।

...बाद में
हम चढ़ते हैं स्वयंभू के मन्दिर पर
अनोखे रहस्यमय
परिवेश में
हमारे आगे हैं झंडे,
नगाड़े, घंटियाँ
और प्रार्थना करते हुए लोग ।
युवा लामा,
तुम और मैं

करते हैं साथ ही
उसी प्रकाश और अन्धकार की अनुभूति ।

उसके पार
अगोचर सा,
फिर भी सुनिश्चित
एवरेस्ट ।

इस ऊँची पहाड़ी भूमि पर
कैसी कठिनाइयों में
लोग जन्मते हैं
जीते हैं, और मरते हैं
पर कोई देता नहीं ध्यान ।

हम रविवारों को,
और अन्य त्यौहारों पर
जाते हैं प्रार्थनाओं में
दान के नाम पर खेलते हैं
रेफल्स और लॉटरी
और हर चीज
यहाँ तक कि प्यार भी
होता है नियामित...
तुम...और तुम, युवा लामा...
सोचते हो
कि हमने कुछ नहीं समझा :

न तो मवेशियों के लिए लगाई नांद, न ही क्रॉस
न ही तुम्हारे भगवान् बुद्ध का सन्देश ।

जब मैं यहाँ से चलूँगा
तुम्हें स्वयंभू के
जलते दीपों और
चढ़ाई हुई भेंटों के बीच छोड़कर
मैं यही कहूँगा
हमने अभी भी
प्यार करना
सीखा नहीं है ।

(काठमांडू, 17 दिसम्बर, '88)

पहाड़ों के पीछे से
उगते हुए सूरज की
पहली किरण होती है रजत
फिर बैंजनी ।
ताना झील से
नील...नीली नील...
करती है प्रारम्भ
अपनी लम्बी यात्रा ।

(यहाँ से हर चीज दूर है
हर चीज
केवल, दुर्दशा को छोड़कर
केवल इस सुन्दर से स्थल में
छुपे पड़े
नंगे पाँव बच्चों के
अनुपम उदात्त को छोड़कर ।
चाहता हूँ कि कुछ भी न छूटे
हो सके जिसकी अनुभूति
—चाहे पीड़ा हो—

सबको तराश लूँ याददाश्त में :
मैं हर घटना
हर गन्ध
हर आवाज़ की
तलाश में हूँ
ताकि जो प्रतिदिन अविस्मरणीय है
उसमें से कुछ भी नहीं भूलूँ)

पवित्र भूमि
सूखे, खजते
पेड़ जैसी भूमि ।

बहुत पहले
पानी
सूख गया ।

मरूथल ने
सब कुछ ढाँप लिया है
यहाँ रह पाता है वही
जो उपजा है रेणु से
छुपेगा जो फिर कभी नहीं :
शब्द ।

(दोहा–अम्मान, 17 फरवरी, '89)

(हाविये पेरेज द क्वेयार के लिए)

सारा कुछ हम ऐसी जगह बनाये
जो नहीं है
किसी भी स्थल के मध्य में
रसातल के निकट ।

बहुत दूर
धनी देशों के कगार पर,
अनजाने दलदलों में ।
(नहीं, अनजाने नहीं,
उपेक्षित दलदलों में
जहाँ हमारा अतीत
बार-बार तड़पड़ाता है
रोज देख कर
विरक्त और दूरस्थ
गरीबों की
आँखें
जो जानती नहीं
जान सकती नहीं
धनिकों को

जो सुनते नहीं
जानना चाहते नहीं...)
हमारी स्मृतियों को बचाये रखने के लिए,
मानव के पदचिन्ह
उसके मार्ग,
उसके कल के चरण की
करने के लिए व्याख्या
        मेरे बच्चों
        मेरे मित्रों
        मेरे अपरिचितों
रसातल के निकट
अपने भविष्य के
ऊबड़-खाबड़ और अनोखे
स्थल पर
हमें सब कुछ बनाना चाहिए
वह पूँजी जो
वंटनीय हो।

(लॉस एंजेलिस, 27 फरवरी, '89)

भीड़ से घिरा
फिर भी अकेला ।

मेरी आँखें
आँसुओं से भरी,
तीखे
कड़वे
खट्टे आँसू,
कैसा यह मिश्रण ?

विषाद,
सन्तप्त मेरा रोम-रोम
और उपेक्षा ।

जो कष्ट
मैंने सहे
किसी को भी
रहे नहीं स्मरण ।
किसी को भी
आती नहीं याद

वह प्रबुद्ध रात
का मेरा जागरण ।

कोई चिन्ह
कोई संकेत
देता नहीं मुझे श्रेय ।
भीड़ से घिरा
फिर भी अकेला...
जाग्रत,
और मैं चला
हर दिवस के
उस प्रकाश की ओर
जो आज
धूमिल-सा है ।

(28 फरवरी, '89)

(सिस्टर राकेल के लिए)

झुग्गी-झोपड़ों
और कच्चे रास्तोंवाले
उस गाँव में
दुःखी होकर
तुमने जो कविताएँ लिखी थीं
उन्हें मत फेंको !

यह कहने से मत चूको
कि उन्होंने
अध्यापकों और नर्सों के माध्यम से
चुका दिया है कर्ज
और उधर
अवैध व्यापारी
बढ़ा रहे हैं चुपचाप
पैसा कमाने के अपने
कार्यकलाप ।
किसी न किसी को तो इसके लिए
होना होगा लज्जित
किसी न किसी को तो

चुकाना पड़ेगा
गरीबों के नाम पर
लिया हुआ उधार ।

आओ जल्दी करें
समय बीतता जाता है
एक दिन और, एक दिन कम ।

स्नेह और संवेदन
के जोड़ते नये बन्धन ।
हम सब मिलकर वह करें
जो केवल पैसे से
हाँ पैसे से केवल
नहीं हो पाएगा ।

(मार्च, '89)

प्रभात की वे किरणें
वे रंग, वे चित्र
सब बेकार थे ।

उनकी आवाज़ें दब गयी हैं
और कल की
गौरवपूर्ण घोषणा की वीरता
आज पड़ी है निष्प्राण
सुन्न ।

चौक में कोई नहीं है,
आज हमारे सबके भविष्य
की इन गलियों में—
मेरे सिवाय ।

क्या सब बेकार था ?
शायद, नहीं ।
शायद वही प्रभात
दिखाता है मुझे दिशा ।

(3 मार्च, '89)

एकाकी की आवाज
को सुनेगा कौन ?
सहायता के लिए
की गयी पुकार की अवहेलना
कठिन है झेलना
सबसे पीड़ादायी है
वह पुकार ।

(अबुजा, नाइजेरिया, 5 अप्रैल, '89)

हसूँगा मैं हर सुबह

मैं हँसूगा
जब सूरज उगेगा
जब शाम होगी
होगी जब रात ।

मैं हसूँगा
बरसात के बुरे मौसम में,
तूफान में,
आँधी में, कड़कती बिजलियों में
मैं हसूँगा ।

सड़क पर
पहाड़ पर
समुद्र में
मैं हसूँगा ।

अगर तुम्हारी

लौट आये मुस्कान
तो मैं हर दिन हसूँगा ।

और एक फालतू से विचार
पर हँसते हुए
मैं फिर कभी नहीं रुकूँगा ।
उन बुरे दिनों ने
मुझे हँसना सिखाया है
और यह
कि भूलना नहीं आनन्द को ।

(मेड्रिड, 8 मई, '89)

हर चीज अजीब है
सबसे बड़ी
सबसे छोटी
सबसे दूर
सबसे पास
तुम
मैं !
हर चीज अभी सीखनी है ।

हिचकिचाते हुए
हम प्रगति करने
खोजने
कुछ जानने
के लिए चल पड़ते हैं ।

प्रकाश की पतली-सी किरण
हल्की-सी चमक
जो हर व्यक्ति में झलकती है
वही इस

घनी रात में
जो हमें घेरे हुए हैं
बड़ी दीप्ति है ।

(पेरिस, 17 मई, '89)

इतना सब कुछ
देख लेने पर भी
और जिससे मैं जुड़ा हूँ
फिर भी
मैंने आवाज़ नहीं उठायी।

कहाँ है
स्वतन्त्रता ?

कहाँ हैं पैगम्बर ?
छुपे, चुप !

हम किनमें रखे आस्था ?

मेरी आँखें
और मेरे कान
भरे पड़े हैं
कृत्यों से
घटनाओं से,

और हैं थके-थके से ।

कौन-सा पंथ
मैं अपनाऊँ
सदा-सदा के लिए ?

(17 मई, '89)

समय बीत जाता है
और रह जाते हैं
हमारे हाथ खाली ।

क्षण बीतते जाते हैं
और मिलता नहीं
कोई फल
हमारी इन्तजार का ।

(17 मई, '89)

यह आज
बीते हुए कल के बारे में
कुछ नहीं कहता ।

समय के साथ
शब्द खो देते हैं
अपनी आकृति
और जाते हैं बदल ।
सभी की भाँति
पानी की तरह
शब्द भी
अर्थों के
संकीर्ण नदी तल के साथ-साथ
हमारी सृजनशीलता के
असीम सागर की
ओर दौड़ते हैं
शब्द
नम्र

इस देह से जुड़े,
धुँधलते...

(पेरिस, 17 मई, '89)

(अज्ञात सैनिकों के लिए)

श्रद्धा से वे लाएँगे
फूलों की मालाएँ
और जलाएँगे
तुम्हारी स्मृति में
एक अमर ज्योति ।

पर तुम
केवल तुम मर चुके होंगे
उस निमित्त के लिए
जिसे जीना था ।

क्रिसेन्थेमम और गुलाब
वे रखेंगे तुम्हारी कब्र पर
और तुम्हारी याद
और वह कारण कि जिसके लिए
तुमने दी अपनी जान
हो चुके होंगे धुँधले...

(25 मई, '89)

फिर
स्वतन्त्रता की माँग करनेवाली
युवा आवाज़ों को
ताकत की गोलियों ने
कर दिया है शान्त ।

फिर
टैंक
भिड़ रहे हैं लोगों से
उनके नारों से ।
फिर
निर्दय ताकत ने
कई बरसों के सपनों को
दिया है दूर धकेल ।

और वह प्रकाश
जो क्षितिज पर
लगा था दिखने
होकर रह गया है

रक्तिम तूफान
क्रोध में किटकिटाता
बन गया है घायल बादल
बन गया है आँसू
हमारे सबके भविष्य के
इस बड़े चौराहे पर

(3 जून, '89)

मेरी भरपूर उड़ान में
उनने चाहा मुझे पकड़ना ।

लाना मुझे नीचे आज
हो सके जितना सम्भव
प्रतिबन्धों और निषेधों के दायरे में
प्रति दिन
प्रति प्रभात
प्रति सूर्यास्त ।

कीचड़ में छिपे हुए
छोड़ते हैं वे तीर ।

यथार्थ की इस धरती से
इस रात से
उनने चाहा मुझे पकड़ना
भरपूर उड़ान में ।
पर उनके कमान
आदर्शों को गिराने में

नहीं हैं समर्थ,
क्योंकि आँधी-तूफानों में
बहने के
वे हैं अभ्यस्त ।

(पेरिस, 25 अक्तूबर, '89)

क्या सब कुछ करता है निर्भर
मसीहा के बचने पर ?

नहीं ।

याद रखो
कि केवल बचते हैं आदर्श,
मसीहा नहीं ।

मसीहा या तो
मरते हैं अपनी मौत
या
फिर दिये जाते हैं मार ।

उससे कोई फर्क नहीं पड़ता
उसका सन्देश
है अमर ।
केवल आदर्श ही
असम्भव से
बन पाते हैं सम्भाव्य ।

(नवम्बर, '89)

एक-एक कर
घिरेगा पत्थर
और टूटोगी तुम दीवार ।
यह छद्‌म सीमान्त
जायेगा पत्थर-पत्थर टूट ।
तुम्हारे भद्देपन के
मिटा डालेंगे हम सभी निशान ।

सच है कि
लम्बी थी सर्दी
लेकिन लोगों के स्वप्नों ने
गिरा दी है फिर दीवार ।

देर से तो आयी
पर मुक्ति
की ही होती है
अन्त में विजय ।

(पेरिस—बर्लिन, 20 नवम्बर, '89)

तानाशाह :
तुमने भीड़ पर गोली चलाई ।

शान्ति :
बच्चे मरे पड़े हैं
उनकी कनपटियाँ
और कान
गोलियों से चिथड़ गये हैं;
बच्चों को पीटा गया है
दी गयी हैं यातनाएँ ।

सिपाहियों ने
अपने भाइयों को मारने के लिए
गोली चलाने के
आदेश का पालन नहीं किया
विद्रोह के विरुद्ध
कुछ नहीं कर सकतीं गोलियाँ,
आलिंगन के सामने
हार जाते हैं अस्त्र ।

खुशबूदार फूलों से
ढकी हैं राइफलें ।

तिमिसोअरा :
हम आज से
तुम्हारे रक्तसने चिह्न
संजोयेंगे अपनी आँखों में,
अपने मन में ।
और तुम्हारे ये मृत
मुक्त लोगों में
रहेंगे जीवित
हर स्वतन्त्र दिन ।

(21 दिसम्बर, '89)

पूजा की पद्धतियाँ
करती हैं हमें दूर
जोड़ती है जब हमें
अन्तरात्मा ।

अन्तरात्मा
बदलती नहीं
धार्मिक संस्कार में,
जो मूल है
उसे वह जानती है
महसूस करती है
वस्तुओं का मूल-सार ।

(पेरिस, 16 जनवरी, '90)

शब्द
— आदमियों की तरह हैं —
यदि रखते हैं मौन
तो उनका होता नहीं अस्तित्व ।

हम यह जानते हैं
और इसलिए
टाल नहीं सकते ।

अपराध के साथी होकर
हम कैसे सो सकते हैं ?

(पेरिस, 20 जनवरी, '90)

“ठहरो,
यहाँ ठहरो...,”
यहाँ से आनेवाली
मैत्रीपूर्ण आवाज़ों ने
मुझसे बार-बार कहा।

किन्तु मुझे मेरे शीत की
गर्मी की ओर लौटना है।
मेरे लोगों की जागृति की ओर।
यद्यपि मैं जानता हूँ
कि यह रात लम्बी होनेवाली है
और मौसम खराब है।

(पेरिस, 21 जनवरी, '90)

रोशनी
तुम्हारे चेहरे पर आती है
और कर देती है
उसे सुनहरा
जब तक ठहर पाती है ।

वर्ष में दो बार
तारों की नियमित-निगरानी
करती है अलग
तुम्हारे पासवाले छाया के दैव को,
जिसे भी तुम्हारी ही तरह
पानी में डूबने से गया बचाया ।

इतना जल्दी
तुम फराहों के शिल्प
की इस विशाल भव्यता की
सीमाएँ तोड़ चले ।
किन्तु तुम्हारी आत्मा,
एक मनुष्य की भाँति,

अभी भी इसके तल में है
नुबिया में देवीकृत
देव-राजा का भी
हुआ देहान्त ।
मरा वह भी ?

(अबु सिंबल, ऊपरी नील, मिस्र, 11 फरवरी, '90)

(मुना के लिए)

पानी ने
छीन लिया उसका स्कूल ।
इस सर्पीली उर्वर वादी में
होनेवाली
इस मूसलाधार बारिश में
मुना का छोटा-सा स्कूल
पानी के तेज नाले के साथ बह गया ।

तुम्हारी काली आँखें
छोटी लड़की
बिना किताबों, बिना पेन्सिलों के
चलोगी मेरे साथ
धनी देशों में ?
मैं उनसे कहूँगा
कि मुना का स्कूल
नदी में बह गया ।
हाँ ! उन देशों के बच्चे नहीं जानते
कि ऐसे भी स्कूल हैं
जो बारिश में बह जाते हैं ।

वे नहीं जानते कि
ऐसे भी बच्चे हैं, बच्चे
अनेकों बच्चे
जिनके लिए न तो
स्कूल है, न पानी ।

(तरीम, वादी हद्रामूत यमन, 14 फरवरी, '90)

शहरी जीवन
का अति प्राचीन
अवशेष
सममिति का चमत्कार
अलौकिक सौन्दर्य
हो गया है आहत
उस लवण से जो
उसकी दरारों में भर गया है ।

और वह महान् नदी
—जो गर्व से
बहती है आज
धीरे-धीरे
करती है नष्ट उसे
जिसका भी उससे होता है स्पर्श ।

पानी का देवता
अपने उर्वर उदर में
छिपाए हुए हैं

सारे रहस्य
चुपचाप ।

(मोइनजोदाड़ो, पाकिस्तान, 11 मार्च, '90)

टैंक
टैंक
ज्यादा और ज्यादा
इतने सारे
टैंक ।
अफसरों के
मिलिटरी अलंकरण
सूर्य की रोशनी में चमक रहे हैं ।
परेड में चलनेवाला
हर सिपाही
कदम से कदम मिलाकर चलता है
मशीनगनों के नवीनतम नमूनों के साथ ।

कितने डेस्क
कक्षाओं के कमरे
किताबें
खरीदे जा सकते थे इन बन्दूकों की कीमतों में !
(मित्र देशों की सरकारें
इन बातों को नहीं समझतीं...

और राष्ट्रों की
सुरक्षा होनी है...
और लोग ?
और लोग ?)

'राष्ट्र गीत सुनो...
    सावधान'
...सैकड़ों सिपाही कतारबद्ध होते हैं
और चमकती हुई बक्तरबन्द गाड़ियाँ
उधर लाखों लोग
जीते हैं सिर झुकाए
घुटने टेककर करते हैं
हमसे याचना
कि इस स्वांग को रोकने का
करो साहस
ताकि एक दिन वे फिर
उठा सकें अपना सिर ।

(सर्वत्र, 13 मार्च, '90)

लेता हूँ थोड़ा-सा अवकाश
एकान्त चाहिए, कोई न घेरे
इसलिए कि तुम
नहीं हो पास मेरे ।

और कोई नहीं जानता
तुम्हारी गहरी आँखों की
स्मृति के
सतत सन्देश ।
तुम्हारे
अनुपस्थित अधरों की आवाज़
जब वाणी
न तो सम्भव है, न आवश्यक
— मौन की सुन्दर भाषा ।

मुझे एकान्त चाहिए
क्योंकि तुम नहीं हो
और मुझे चाहिए
साथ तुम्हारा

हो यदि चाह
तो, प्रेयसि,
मिलता है एकान्त में
आनन्द अथाह

(क्यूबेक, 3 अप्रैल, '90)

मेरी उभरती भावनाओं की
तुम कर रहे हो शिकायत ?

इसके लिए चाहिए
साहस
जो केवल दृष्ट को ही
करे नहीं स्वीकार ।

चुप्पी समर्पण है
दबाव में झुकना है
मृत्यु है ।

जीवन तो
भँवर में है
जहाँ हवा के लगते हैं थपेड़े
हर अंश जहाँ हिल उठता है
और असम्भव में
करने लगता है विश्वास ।

विद्रोही ही
होते हैं परिवर्तन के संकेत दीप
उन्हीं की है आवश्यकता
आज की अवस्था में ।

(ओटावा, केनेडा, 5 अप्रैल, '90)

राख भरे अंगारों में
आग में
लोहा आखिर हो गया लाल
लेकिन अब कोई नहीं यहाँ
जो उसे गढ़े ।
(भट्ठी ऐसे लौहार के बिना खाली है)

यह स्थान मेरे अनुकूल नहीं है
फिर भी
मेरे मुँह में नपे तुले शब्द
करते हैं ऐसी अनुकूल टिप्पणी,
सावधानी से
कि स्थापित नियमों का
हो नहीं उल्लंघन;
वही मुश्किल सा मार्ग
पार करने
जो कहीं नहीं जाता;
वही सुनिश्चित परिपाटी को दुहराने,
मन्द-मन्द गति से बहते

महानदी में मिलने...
शब्दों के आडम्बर,
भारी खालीपन
भरता है सब कुछ
और बाहर
ठंड है
रात घिरी है ।

(लन्दन, 10 अप्रैल, '90)

भूख, भूख
हथियार, हथियार, हथियार...

मैं चाहता हूँ
खड़ा होऊँ और करूँ विद्रोह
जहाँ भी जाऊँ
चिल्ला चिल्ला कर कहूँ
अब और नहीं युद्ध ।

मैं रो नहीं रहा हूँ ।
मेरे होठ मगर
कर रहे हैं घोषणा
पूरी ताकत से
कि दासता का हो गया है अन्त ।

(पेरिस, 8 मई, '90)

आज
धूसर है ।
धूसर ही रंग है
सब का
यह सुबह की धुन्ध
        घास
        शहर
        आकाश
        पहाड़ी
        समुद्र...
सभी धूसर हैं ।
सारा क्षितिज भी धूसर ही है ।

जो भी
देखा जा सकता है
और सोचा जा सकता है,
धूसर है...
फिर भी

केवल प्रेम ही
ला सकता है
ज्योति, चमक

(30 मई, '90)

(लियोपोल्ड सेडार सेंघोर के लिये)

आओ हम अपनी आवाज़ उठाएँ
अपनी शक्ति दर्शायें ।

हमारे पास न तो अस्त्र है
न धन ।

वे हमें
ताकत से
गला घोंटकर
या उपहार देकर
या सम्मानित कर
चुप करने की करेंगे चेष्टा ।

किन्तु हर बार
और अधिक बोलनेवाले
नारे लगानेवाले लोग जुड़ जायेंगे ।
खुल कर
बहुभाषी
सार्थक

नये छन्द ।

हमारा गीत उठेगा
और पहुँचेगा
सर्वशक्तिमान कानों तक ।

और अन्ततः
शब्द ही होगा
जो मानव को दिखलाएगा मार्ग ।

सेलोब्रेन्या, तान्जियर्स, 13 अगस्त, '90)

बोरा-बोरा
पी गया बाकी का सब पानी ।
और थोड़े ही दिनों में
दलदल ने
छोड़े नहीं पगदंडियों के
स्पष्ट से पड़े निशान ।

आदिवासी इंडियन ने
देखा विशेषज्ञों को
और सोचने लगा :
इन जीवन्त जंगलों का
इनको कितना कम है ज्ञान ।

(1 सितम्बर, '90)

न तो भूखों के लिए
और न ही अनभिज्ञों के लिए
कोई राशि नहीं थी ।
किन्तु अब, अचानक ही
उन्होंने युद्ध के कोष खोल दिये हैं
और हजारों लाखों लोग
भाग रहे हैं सीमा पर ।

शान्ति के लिये,
ड्रग्ज के व्यसन से लड़ने के लिए
पर्यावरण के लिए
कोई राशि नहीं थी ।

हे भगवान्,
यह कैसा अन्धापन है !
शान्ति के लिए कोई राशि नहीं है
पर युद्ध के लिए है ।

(पेरिस, 15 सितम्बर, '90)

जो मरे हैं, वे मरे नहीं हैं
वे इस पुराने और टूटे-फूटे
ताँबें में हैं
इस बर्तन में हैं
इन रेखाओं में हैं...
इन खंडहरों में
वह सृजनात्मक शक्ति
जीवित है
मानवता का अधिकार ।

इतिहास की धरोहर
के हरेक क्षण में
हम सभी जी रहे हैं
नामहीन या जानेमाने ।

जो मरे हैं वे पूरी तरह नहीं मरे हैं ।
वे सब हमारी कमजोर और
दब्बू दैनिक जीवन की
छाया में लेटे हैं;

और हैं उपस्थित
भावी वर्त्तमान में

(सेंट मालो, 8 अक्तूबर, '90)

हर दिन
हमारा शरीर यह दिलाता है याद
कि अन्ततः हम सभी हैं समान
माँ धरित्रि के पास नहीं हैं कोई श्रेणियाँ
सब कुछ पहुँचता है — उसके पास
अस्थियों के रूप में
केवल मानव की आत्मा ही
उड़ती है द्रव्य पदार्थ पर
और अपने ही निर्मित
अनन्त अन्तरिक्ष में
करती है निवास ।

इस चमत्कार को सम्भव करना ही
हर पुरुष का, हर महिला का
है परम कर्तव्य
परम उदात्त ।

(ब्रुसल्स, 18 नवम्बर, '90)

●●●